Alma Wichmann-Erlen

Flieg, Emmy, flieg!

Alma Wichmann-Erlen

Flieg, Emmy, flieg!

Kauderwelsch und Geistesgegenwart
einer demenzerkrankten großen Seele

Für Juan Fidel
der den Mut hat, in diese schwierige Zeit hinein geboren zu werden

Alma Wichmann-Erlen
Flieg, Emmy, flieg!
Kauderwelsch und Geistesgegenwart
einer demenzerkrankten großen Seele
(Schlanke Reihe, Band 4)

ISBN 978-3-95779-169-6

Erste Auflage 2022

© Info3 Verlagsgesellschaft Brüll und Heisterkamp KG,
Frankfurt am Main

Lektorat: Ramon Brüll, Frankfurt am Main
Satz: Ulrich Schmid, de·te·pe, Aalen
Cover: Frank Schubert, Frankfurt am Main
Druck: Custom Printing, Warszawa, Polen

Inhalt

*Es muss ja in allem ein gewisser Geist sein,
ein Blick, der gleichsam als eine Seele
das Ganze leitet*

Christoph Lichtenberg
aus: Aphorismen 1902–1908

ꞵ

Vorwort

Dies ist ein ganz persönliches Buch. Während ich es schreibe, stricke ich an einem Strampelsack für meinen Enkel, der, hungrig nach dem Leben auf dieser Erde, sich auf den Weg gemacht hat, geboren zu werden. Ich freue mich sehr, dass er nun zu uns gekommen ist und ich finde es ausgesprochen mutig. Was wird dieser kleine Kerl, denn ein Kerl ist er, das sieht man schon zwei Tage nach seiner Geburt, was wird dieser kleine Mensch für positive Kräfte in die Welt zu tragen haben? Welch riesengroßen Sack voller Liebe muss er mitgebracht haben? Ich wünsche ihm Klarheit, Licht und Wärme.

Zeitgleich denke ich an all die vielen Kinder, die mit ihren Aufmerksamkeitsschwierigkeiten in diese Welt hinein geboren werden. Mich rufen sie alle auf: Wandele Dich, damit wir verstanden werden können mit all unseren Anliegen, mit all den Aufgaben, die uns hier auf der Erde erwarten. Wandlung muss geschehen in der Welt, in der Gesellschaft, damit diese Kinder in Frieden leben können. Nicht die Kinder sind es, die sich ändern müssen, die angepasst werden müssen an unsere Strukturen. Nein, wir selbst sind es, die sich verändern müssen.

Dringend notwendig ist das. Und die Veränderung kann nicht darin bestehen, dass wir den Staat, wer ist das denn?, verantwortlich machen für unsere Gesundheit. Sie kann auch nicht darin bestehen, dass wir uns den Mund verbieten lassen. Sie kann nur darin bestehen, dass wir Verantwortung übernehmen für uns und für die Menschen, die in unserem Umfeld leben, wie für die Natur und auch die Kunst. Und vieles mehr.

Heilsam ist nur, wenn
im Spiegel der Menschenseele
sich bildet die ganze Gemeinschaft,
und in der Gemeinschaft lebet
der Einzelseele Kraft.
(Rudolf Steiner, Motto der Sozialethik)

Genauso verhält es sich mit Emmy. Sie ist alt geworden, hat alles vergessen, was ihr nicht mehr wichtig ist: Dinge, Orte, Menschen, Sprechen, Hören und vieles mehr. Ist das nicht eigentlich ein schöner Weg, sich ganz allmählich aus diesem Erdenleben zu verabschieden? Nur wir, die Gesellschaft, wir sind darauf nicht eingerichtet. Es ist mühsam, diese vergesslichen Alten auszuhalten, dann müssen sie meist auch noch gepflegt werden, dann sind sie laut, dann machen sie die Nacht zum Tag. Oder sie erkennen ihre liebsten Menschen nicht mehr, die eigenen Kinder oder den Partner. Sicher, das ist schwer für alle Angehörigen. Aber es sind doch wir, die einen anderen, einen neuen Umgang lernen müssen mit diesen Menschen, damit sie in unserer Mitte bleiben können, bis sie diese Erde verlassen wollen. Und damit sie nicht ausgesperrt werden von der Welt.

Emmy und ich haben eine Möglichkeit des Gemeinsamen Gespräches gefunden, auch als ihre Sprache verlorenging. Wir haben beide das Singen in unseren Herzen. Und dieses Band verliert sich nicht. In all den Stunden, in denen ich mit Emmy zusammen sein konnte, sind wir wirkliche Freundinnen geworden. Deswegen will ich es heute wagen, sie persönlich zu Wort kommen zu lassen. Und ich hoffe auf ein liebevolles Verstehen derjenigen, die dieses Büchlein zur Hand nehmen. Mit Geistes Gegenwart ist alles möglich.

Nur wer den Menschen liebt,
wird ihn verstehen.
Wer ihn verachtet,
ihn nicht einmal sehen.

Christian Morgenstern
aus: Epigramme und Sprüche, 1920

ꝏ

Warum dieses Bändchen?

Ja, es gibt bereits eine Menge guter Bücher zur Demenz. Das sind wissenschaftliche Bücher, das sind künstlerische Bücher, das sind Lebensbeschreibungen und sogar Romane. Warum nun noch ein Bändchen zu diesem lange vergessenen und nun immer aktueller werdenden Thema?

Immer wieder einmal verirrten sich demente Menschen mit ihren Angehörigen in meine musiktherapeutische Praxis. Dadurch bekam ich die Möglichkeit, diese Erkrankung intensiv mitzuerleben.

Als Emmy zu mir kam, war das ein ganz besonderes Erlebnis: Sie war damals 81 Jahre alt und sie hatte ihr ganzes Leben lang gesungen, bis auf eine Zeit, in der das Schicksal ihr so sehr zugesetzt hatte, dass das Singen verstummte.

Von klein auf hatte sie gesungen, aus reiner Freude am Singen, aber auch gegen die Schrecken der Welt, die sie durchleben musste.

Anhand unserer gemeinsam gesungenen Lieder in der Therapie und auch durch die Gespräche, die sich da herum rankten, durfte ich deutlich miterleben, wie Emmy begann zu vergessen, wie ihre Worte sich wandelten, wie sie nach und nach ihren Sinn, ihren Inhalt verloren. Eine Zeit lang versuchte Emmy, Ersatzworte zu finden oder selber zu bilden, dann sprach sie mutig weiter und verband lauter leere Worthülsen miteinander. Sie klammerte sich an den Refrain eines Liedes und sang ihn statt des Liedes mehrere Male hintereinander. Und dann blieben nur noch einzelne Wortfetzen übrig, es entwickelten sich daraus Stereotypen, die immer lauter wurden und die niemand aushalten mochte: „*There's a swallow through the sky*" Bis zuletzt auch sie verschwanden und Emmy vollends verstummte.

Die tiefe Freude am Singen wich einem dunklen Schweigen. Und nur hin und wieder erinnerte ein stilles Lächeln in ihrem zarten Gesicht daran, wie gerne sie gesungen hat, wenn es wie ein leiser Wind darüber hin zog.

Ob sie vielleicht eine Schwalbe gesehen hat, die frei über den weiten Himmel flog?

In der liebevollen Hinwendung konnte ich erfahren, wie ihre Sprache sich völlig der Zensur entzog, die normalerweise unser Denken übernimmt. Es entstanden Satzgebilde oder auch nur einzelne Wortgebilde, die den Gesetzen der Logik und des Denkens nicht länger folgen wollten. Wenn man aber genau hinhört, so ergibt sich doch wieder ein Sinn. Es ist das ein ganz neuer Sinn, der sich nirgendwo einordnen lässt. Und der mich nachdenklich stimmt in Bezug auf das gegenseitige Verstehen der Menschen untereinander überhaupt. Was ist Geistesgegenwart? Kann ich nur verstehen, was ich auch selber denken kann? Oder gibt es noch andere Möglichkeiten, so etwas wie ahnendes Verstehen?

Ich möchte Emmy gerne selber sprechen lassen. Ich möchte alle Menschen, die sich vornehmen, dieses Büchlein zu lesen, ermutigen, die Worte und Sätze, die Emmy spricht, liebevoll anzuhören, vielleicht wie eine fremde Sprache, die man nur ahnend begreifen kann. Sind es nun Wortfetzen, sind es Aphorismen, sind es Stilblüten, sind es vielleicht Gedichte, die Emmy spricht? Oder ist es einfach ein Kauderwelsch? Urteile, liebe Leserin, lieber Leser, selber, wenn Du Emmy auf ihrem sprachlichen Höhenflug begleitet hast bis zum Ende. Mich erinnern die Texte an manche anderen Dichter. Und ich erlaube mir, diese anderen Dichter, die mir eingefallen sind, schlicht neben Emmys Sätze zu stellen. Jeder Leser mag dann seine eigenen Vergleiche ziehen.

Es ist sonderbar,
dass nur außerordentliche Menschen
die Entdeckungen machen,
die hernach so leicht und simpel scheinen;
dieses setzt voraus,
dass die simpelsten, aber wahren Verhältnisse
der Dinge zu bemerken
sehr tiefe Kenntnisse nötig sind.

Georg Christoph Lichtenberg
aus: Aphorismen, 1902–1908

„Für Demente verboten!"

Hängen Sie doch bitte ein Schild mit diesem Text versehen an die Eingangstüre zu Ihrem Restaurant! Sie ersparen damit sich selber und Ihren Gästen erhebliche Demütigungen. Und diejenigen Menschen, die Verständnis für ihre Mitmenschen aufbringen, brauchen Ihr Restaurant zukünftig auch nicht mehr zu betreten.

Ein fast alltägliches Erlebnis – eine wahre
Geschichte
Sie wollen oder können das nicht glauben?
Das kann doch nicht wahr sein?
Und geschehen ist es doch!

Es ist ihr Geburtstag. Sie lebt bereits in einem Heim. Ihre Kinder möchten gerne mit ihr gemeinsam etwas ganz Besonderes tun, etwas, was Emmy stets große Freude gemacht hat. Sie wollen alle miteinander in einem kleinen und feinen Restaurant in der Stadt essen gehen. Ein Tisch ist reserviert, in einer Ecke soll er sein, damit man ungestört schmausen kann. Nun geht es endlich wieder einmal in die wirkliche Welt.

Emmy wird 83 Jahre alt. Als junge Frau ist sie sehr schön. Eine zarte Persönlichkeit ist sie geblieben bis ins hohe Alter hinein. Als Kind in den Krieg hinein geboren hat sie alle Schrecken dieses Krieges überstanden, kann studieren, als Lehrerin unzählige Kinder begleiten und erziehen zu besserem Leben als das ihre anfänglich gewesen war. Sie darf selber drei Kinder zur Welt bringen und einen glücklichen Familienzusammenhalt erleben. Sie leitet eine Schule, kurz, sie ist rege und aktiv im Sozialen und tut sehr viel Gutes für die Welt, ganz besonders für die Kinder. Nun ist sie alt, hat die Namen ihrer eigenen Kinder vergessen, nur manchmal leuchten sie am Horizont noch auf. Sie sieht sehr schlecht, hat aber ihre Brille weggelegt, auch das Hörgerät will sie nicht mehr tragen. Da sie schwerhörig ist, spricht sie sehr laut. Und weil ihr die Worte durcheinander geraten und sie immer wieder neu auf der Suche nach Ort und Zeit ist, befindet sie sich dauernd in einem leeren Raum. Dort spricht sie immer wieder dieselben Worte, deren Sinnzusammenhang sich uns, den sie begleitenden Menschen, nicht immer offenbart. Heute braucht sie vor allen Dingen sinnliche Wahrnehmungen, damit sie noch nicht alle Sprache verliert und dadurch völlig vereinsamt die letzten Schritte ihres Lebensweges machen muss. Dringender denn je braucht sie nun den Kontakt zu anderen Menschen, auch zu den Menschen, die am Nachbartisch sitzen in dem Restaurant, wohin der Weg jetzt führt. Wenige Menschen begleiten sie treu.

Ja sicher, das ist nervig, den ganzen Tag lang immer wieder dieselben Worte hören zu müssen, und dann auch noch so laut. Aber heute ist ein Feiertag für uns, wir wollen versuchen, ihn zu genießen. Alles ist gar nicht so einfach: in die Jacke, in den Rollstuhl, in den Fahrstuhl, aus der Türe in die windige Luft, über die Bordsteinkante, an den laut fahrenden Autos vorbei – alles das sind aber wohltuende weil aufweckende Sinneserfahrungen. Und dann sitzen wir endlich im Restaurant, ein bisschen erschöpft vom langen Weg, aber erwacht und frohgemut. Bunte Blumen stehen auf unserem Tisch, die Sonne scheint durch das Fenster zu uns herein, sie wärmt die eiskalten Hände des Geburtstagskindes. Die weiße Damast-Tischdecke, frisch gestärkt und gebügelt, fühlt sich so angenehm sauber an. An den Nachbartischen hören wir leise Gespräche, das Murmeln verweht unsere eigene Einsamkeit. Wir fühlen uns wohl, wir sind miteinander froh und munter, ja, wir fühlen uns in Frieden geborgen. Wir sind so, wie wir eben sind, laut und eintönig klingen nun auch unsere Worte durch den Raum.

Und dann werden wir des Ortes verwiesen. Man gibt uns deutlich und klar zu verstehen, dass wir hier, so wie wir sind, unerwünscht sind. Für uns gibt es in diesem Restaurant nichts mehr zu essen und zu trinken. So weit sind wir also mit unserer Menschenwürde gekommen: Für Alte verboten! Für Kinder ab 18.00 Uhr verboten! Für Hunde verboten! Nur für Weiße!

Ins Innere des Menschenwesens
Ergießt der Sinne Reichtum sich,
Es findet sich der Weltengeist
Im Spiegelbild des Menschenauges,
Das seine Kraft aus ihm
Sich neu erschaffen muss.

Rudolf Steiner
aus: Anthroposophischer Seelenkalender, 1912,
Spruch 51

ɞ

Der Lebenslauf

Als ich die Tochter frug nach der Biographie ihrer Mutter, da wurde sie zuerst ganz verzagt. Sie wusste nichts. Vorsichtig, leise begann ich zu fragen. Immer in Schritten von jeweils sieben Jahren. Nach den Orten, den Tätigkeiten, nach der familiären Situation und anderen Menschen drum herum, nach Interessen und Ausbildungen, nach Krankheiten und Schicksalsschlägen. Nach ihrem vollen Namen:

Ruth Emmy Paula Steinmöller, geb. Jürgensmeier. Ich schreibe den richtigen Namen, so wie es bei großen Menschen stets getan wird. Emmy ist eine großartige Frau. Nicht nur für ihre eigenen Kinder, nein für viele Generationen von Kindern, die sie als ihr großes Vorbild während der Schulzeit erlebten. Der wirkliche Name spricht für sich selbst.

Sie erblickt am 23. März 1935 in Berlin Charlottenburg das Licht der Welt. Es ist ein Samstag. Die Schwangerschaft und die Geburt sollen ganz normal gewesen sein. Sie ist die

Älteste von zwei Kindern. Über die Eltern ist nichts in Erfahrung zu bringen.

1936, etwa ein Jahr alt, wird sie evangelisch getauft. Von ihren Paten wissen wir nichts.

Als Emmy zwei Jahre alt ist, kommt ihr Bruder zur Welt.

Bereits als ganz kleines Mädchen ist sie sehr oft und gerne bei den Großeltern auf dem Lande. Dort fühlt sie sich geliebt und aufgehoben. Die Großeltern sind gut. Sie sind auch gut zu ihr. Als der Krieg ausbricht, ist sie noch nicht schulreif. Sie lernt zu schweigen. Hitlerjugend ist in ihrem Elternhaus ein Tabu. Sie beginnt zu singen.

Mit sechs Jahren wird Emmy in Berlin eingeschult, 1941, schon ein Jahr später wird sie zusammen mit ihrem Bruder zu den Großeltern nach Kalbe verschickt. Das Leben dort ist nicht so lebensgefährlich wie in Berlin. Es folgen drei halbwegs auszuhaltende Jahre für die Kinder. Aber auch auf dem Lande wird allmählich das Leben eng. Es gibt nicht mehr genug zu essen. Anfang des Jahres 1945 machen sich die Kinder alleine auf den Weg nach Hause. Mitten im Winter geht es von Kalbe nach Berlin zurück. Das nennen wir Flucht. Kalbe liegt in der Altmark, es sind ungefähr 150 km von dort nach

Berlin, über die Elbe muss man auch. Barfuß, auf bloßen Füßen sind die Kinder nun unterwegs. Haben sie wenigstens warme Kleider angezogen? An Leichenbergen müssen sie vorbei. Bei den Gerüchen müssen sie sich ihre kleinen verfrorenen Kindernasen zuhalten. Emmy ist damals neun Jahre alt, der kleine Bruder ist erst sieben. Sie erreichen gemeinsam Berlin, sie finden ihre Eltern wieder in dieser chaotischen großen Stadt und sie müssen nicht mehr hungern. Obstbäume stehen noch an den Alleen, Kaninchen sind auch zu finden. Und dann ist der Krieg zu Ende. Sie wohnen beengt, Emmy lernt Verzicht gegenüber ihrem kleinen Bruder. Der braucht nämlich nun ein eigenes Zimmer. Er ist schließlich ein Bub. 1949 wird Emmy in der evangelischen Kirche Spandau konfirmiert. In diesen Jahren erlebt Emmy nicht, dass die Welt auch schön sein kann. Es ist keine natürliche Autorität an ihrer Seite, die sie bewundern kann und an der sie Vertrauen entwickeln kann. Sie findet ihre Lebensfreude in den Obstbäumen, die sie nicht verhungern lassen. Und sie singt.

Ein Glück: Endlich darf das Mädchen wieder in die Schule gehen. Die Lily-Braun-Schule ist damals eine Höhere Schule für Mädchen, ein markanter Bau, der durch viele Luftangriffe stark mitgenommen wirkt. Am Rande der Spandauer Altstadt in der Nähe des Rathauses. Es ist viel Grün in der Umgebung zu finden. Soweit es zu finden ist. Die Namensgeberin Lily Braun ist die erste deutsche Frauenrechtlerin, Mitglied in der SPD, die 1895 das Stimmrecht für Frauen eingefordert hat. In diese Schule geht Emmy gerne. Hier findet sie endlich Lehrer, zu denen sie aufschauen und die sie bewundern kann. Hier durchlebt sie leise und etwas verspätet ihre Pubertät. Hier macht sie bald ihr Abitur. Nun wird sie studieren, das hat sie sich selber vorgenommen oder ausgedacht. An der Pädagogischen Hochschule wird sie auf das Lehreramt ausgebildet. Wegen Raum- und Geldmangel muss sie während des Studiums bei ihren Eltern wohnen bleiben. Sie bekommt ihre erste Brille, schließt sich der Wandervogelbewegung an, obwohl sie gar nicht sportlich ist. Aber sie singt. Das tun die Wandervögel auch. Alles, was ihr in die Ohren kommt, singt sie. Gerne, gut und glücklich. Das gesamte alte Volksliedgut rauf und runter singt sie. Und von jedem Lied kennt sie alle Strophen und noch mehr, die sie dazu dichtet.

Mit 21 Jahren trifft Emmy die große Liebe ihres Lebens. Sie befindet sich noch mitten im Studium, die große Liebe will aber nach Kanada.

Dahin will sie nun natürlich auch. Aber die große Liebe will keine Kinder haben, Emmy will aber unbedingt Kinder haben. Sie gibt dem Liebsten den Laufpass, nachdem sie erkannt hat, dass sie für ihn immer die Wäsche zu waschen hätte. Und studiert gelassen weiter. 1958 macht sie ihren Lehrer-Abschluss und bekommt kurz darauf einen Lehrauftrag an der Grundschule am Eichenwald in Berlin Spandau. Die Schulkinder sind ihr Ein und Alles. Das wird sich nie mehr ändern. Es folgen ein paar arbeitsreiche und ruhige Jahre, sie begegnet in dieser Zeit ihrer Freundin Ha, die an derselben Schule Lehrerin ist und mit der sie über viele Jahre verbunden bleiben wird. Sie spart und kauft sich auf Kredit eine kleine Eigentumswohnung, eine Neubauwohnung mit Zentralheizung und gegen den Willen ihres Vaters. Sie ist zu einem selbständigen Urteilen herangewachsen.

Als sie Ge begegnet, ist Emmy 28 Jahre alt. Er ist Klavierlehrer und Musiklehrer. Das passt gut. Sie singen gemeinsam oder er begleitet sie beim Singen. Volkslieder sind auch jetzt stets die erste Wahl dabei. Ge ist zwar kein Wandervogel, aber Zeltlagern, das tun sie beide gern. Emmy wird schwanger. Das ist nicht der Grund ihrer Heirat mit Ge. Die beiden lieben sich inniglich und die

Wohnungsschulden können einfach und unproblematisch geteilt werden. Emmy und Ge, die halten zusammen. 1967, 1968 und 1969 kommen drei feine Kinder auf die Welt. Emmy kümmert sich liebevoll um ihre Mädchen Dörthe, Imke und Silke und um den Haushalt, und sie singt. Das Berufsleben muss jetzt warten, das weiß Emmy. Und wenn der Vater nach Hause kommt, geht das Singen noch lange weiter. Inzwischen hat auch ihre Busenfreundin Ha geheiratet. Ihre Ehe bleibt kinderlos. Nun treffen sie sich nicht mehr als zwei Freundinnen sondern im Vierergespann mit ihren Männern. Etwas geht dabei verloren, keiner kann in Worte fassen, was es ist.

Die drei Mädchen werden größer und die Wohnung wird zu klein. Emmy ist stolz darauf, als sie selbständig ihre Wohnung verkauft und eine größere Wohnung in Spandau findet für sich und ihre Familie. 37 Jahre ist sie nun alt, die Kinder werden zu Schulkindern, sie steigt allmählich wieder ins Berufsleben ein, wird Lehrerin an einer Grundschule. Auch wenn die Schulkinder ihr Alles bedeuten, so sieht Emmy ihre Lebensaufgabe doch in der Begleitung des Ehemannes und in der Erziehung der eigenen Kinder. Als Ge die Leitung des Kunstamtes Spandau übernimmt, zieht er sich vollständig aus der Kindererziehung und Versorgung zurück, zugunsten seiner Karriere. Emmy steht ihm hierbei hilfreich zur Seite, auch wenn sie mittlerweile wieder voll im Berufsleben steht: Kinder, Ehemann, Kunstamt, Schule, in dieser Reihenfolge packt sie ihre Aufgaben an. Und sie singt dabei stets ihre Lieder. Zusätzlich kauft sie noch eine Gartenlaube und pachtet ein Stück Land in Spandau, man kann ja nie wissen. Emmy handelt auf vielen Ebenen und trägt große Verantwortung. Sie fühlt sich einsam. Ist das Singen ihr vielleicht ein Trost?

Die folgenden Jahre sind für Emmy nicht leicht. 1979 stirbt ihr Vater Ka, den sie verehrt hat. Ein Jahr darauf muss sie sich wegen beginnender Schwerhörigkeit einer Ohrenoperation unterziehen, die danebengeht. Von dem daraus folgenden Hörsturz erholt sie sich nur schwer. Ge schläft neuerdings in der Gartenlaube. Er kündigt seiner Frau die Freundschaft, hat eine neue Liebe in Wien und überlegt, sich von Emmy zu trennen. Emmy trägt nun alleine die Verantwortung für die Familie. Die Töchter bemerken das veränderte Verhältnis der Eltern untereinander. In ihren Vater hatten sie Vertrauen gesetzt. Nun ist die Enttäuschung da. Emmy leidet sehr unter dem Trennungsschmerz. Sie ist 49 Jahre alt, als sie überlegt, die Scheidung einzureichen. Aber es bleibt bei der Überlegung.

Sieben Jahre vorher entsteht für Emmy eine tiefe Freundschaft zu den Eheleuten Le, die auch Kinder haben. Der Vater Le ist Oberstufenlehrer, so finden sie viele gemeinsame Themen, die beide Familien nah aneinander bringen. Das werden endlich einmal richtig gute Freunde, einige glückliche Jahre lang hält diese Freundschaft. Bis Ge sich von Emmy trennen will. Da sind es dann nur noch die Freunde von Ge. Damit ist das Leid aber noch nicht zu Ende: In dieser Zeit wird Dörthe 18 Jahre alt. Die älteste Tochter von Emmy erleidet einen abstrusen Reitunfall. Mit zwei Freundinnen ist sie unterwegs mit Pferden. Natürlich sind das die Kinder der Familie Le. An einer kaum befahrenen Straße kollidieren sie mit einem Auto. Eines der Mädchen fällt und hat einen blauen Fleck am Knie. Dörthe fliegt vom Pferd durch die Windschutzscheibe des Autos und braucht eine lange Zeit, um wieder zu gesunden. Und das dritte Mädchen gerät unter das Auto und stirbt. Man kann ein Kind tatsächlich auch verlieren auf diese Weise. Und die tiefe Freundschaft zur Familie Le ist leider total zerrüttet. Es hätte dieses Ereignis die Menschen tiefer miteinander in Verbindung treten lassen können. Stattdessen ereignet sich Leere. Weniger als nichts mehr bleibt übrig.

Wozu das alles? Hat der Krieg dem Kinde Emmy nicht genug gezeigt, wie schwer das irdische Leben ist? Wozu die Sorge um das eigene schwer verunfallte Kind, allein? Wozu der Kummer über ein tief befreundetes Kind, das mit 16 Jahren bereits sterben muss? Wozu der Verlust der wichtigsten sozialen Beziehungen? Wozu das alles auf einmal? Zwischen ihren Mädchen und ihr entsteht in dieser Zeit allmählich wieder mehr Zusammengehörigkeitsgefühl. Aber das reicht für Emmy nicht aus. Hat sie doch zeitgleich den Partner auf Augenhöhe verloren, den ihr die Kinder nicht zu ersetzen vermögen. Obwohl sie es sicherlich versuchen. In dieser Zeit hört Emmy auf zu singen.

Stattdessen legt sie nun immer mehr Wert auf ihre gesellschaftliche Stellung. Bis zu ihrem 56. Lebensjahr ist sie Rektorin an ihrer Schule geworden, ihre Ehekrise hat sie halbwegs überwunden, eine eigene neue Wohnung in Spandau erleichtert ihr das Dasein.

Ihr Gehör wird schlechter, das ignoriert sie. Ihre Mutter Hi stirbt nach einem Schlaganfall.

Nach einer Unterleibsoperation wird Emmy erstmalig in ihrem Leben selber hilfebedürftig. Sie wird früh berentet. Eine letzte Freundin erkrankt und verschwindet aus ihrem Leben. Da ist nun alle wahre Freundschaft verloren, als Ersatz muss nun für Emmy das gesellschaftliche Leben herhalten, Kunstamt, Kulturverein und Gesellschaft. So meint sie den Knoten zu lösen, der ihr den Atem nimmt zum weiteren Leben. So kämpft Emmy und beginnt erneut zu singen. Sie singt all ihren Kummer fort mit hunderten von Volksliedern. Der Beruf ist perdu, die Mädchen sind erwachsen geworden und gehen ihre eigenen Wege. Silke, die Jüngste, hat als erste geheiratet und war drei Jahre später wieder geschieden.

Bleibt allein der gesellschaftliche Status, an dem sich Emmy festhält. Und eine Gartenlaube, in der sie sich zu entspannen versucht. 63 Jahre alt ist Emmy. Sie ist nun frei. Das ihr zugeteilte Schicksal hat sich erfüllt. Sie singt wieder und mit frohem Mut, aber sie singt für sich alleine.

Die gute Gesellschaft. Der gesellschaftliche Status. Die gehobene Stellung beim Kunstamt, das alles soll nun Emmy tragen durch die kommenden sieben Jahre. Das soll auch wettmachen alle weiteren Schicksalsereignisse: Dörthe heiratet, Emmy ist zufrieden mit ihrem Schwiegersohn. Aber Dörthe verliert ihre Kinder. Das sind schwere Jahre und Emmy sagt, nochmal sollen wohl Kinder nicht sein. Der verflossene Ge erkrankt an einem Tumor und stirbt wenig später an einer Lungenembolie. Emmy verzeiht ihm den Ehebruch nicht. So muss sie die gemeinsamen Erlebnisse mit ihrem Ehemann noch über seinen Tod hinaus in ihrer eigenen Seele bewegen. Der gesellschaftliche Status hat nicht geholfen.

Stolze 70 Jahre alt ist Emmy geworden, als sie beginnt zu vergessen. Ihre dritte Tochter, Silke, ersetzt ihr den verlorenen Ehemann. Geht das überhaupt? Silke hat ihren Doktor gemacht in Phytopathologie. Da wäre Emmy sehr stolz gewesen, hätte sie das noch bei vollem Bewusstsein erleben können. Sie ist immer noch eine hoch angesehene Persönlichkeit im Kulturverein und im Kirchenkreis in Spandau. Aber Silke holt sie oft zu sich aufs Land, wo sie inzwischen mit mehreren Hunden lebt. So richtig geht das nicht mehr mit der Mutter in der Stadt.

Und wieder sind sieben Jahre vergangen, da stirbt auch der kleine Bruder Ro. Das ereignet sich nicht mehr in Emmys Tagesbewusstsein. Es zieht vielmehr wie ein dunkler Schatten über ihre Seele und bleibt dort liegen. Emmy ist nicht mehr handlungsfähig. Sie zieht zu Silke aufs Land, ist dort aber tagsüber zu viel alleine und nur mit den Hunden. Das tut Emmy dauerhaft nicht gut und sie verliert immer mehr Worte. Als Emmy 80 Jahre alt wird, nimmt die älteste Tochter, Dörthe, sie bei sich auf. Dort ist immer jemand zu Hause, auch der Pflegedienst wird eingeschaltet. Und endlich kommt Emmy auch in den Genuss der Musiktherapie. Sie erwacht erneut, durch altbekannte Texte von Liedern erwacht ein Teil ihres Bewusstseins in neuer Frische.

Die Demenzerkrankung gewinnt allmählich aber doch die Oberhand, die tägliche Pflege wird so intensiv, dass sie zu Hause nicht mehr möglich wird. Ein dritter Umzug, diesmal in ein Pflegeheim, wird notwendig. Aber dahin kann auch die Verwandtschaft kommen und die Musiktherapie kann auch dahin verlegt werden.

Nun wird Emmy im kommenden Jahr 87 Jahre alt, sie hat inzwischen vergessen zu sprechen. Mit den Augen und den Ohren nimmt sie allmählich Abschied von dieser Welt. Bis zu ihren letzten Äußerungen war sie immer eine positiv eingestellte Frau, die trotz aller schweren Ereignisse dem Leben auf dieser Erde freudevoll entgegenblickte. Und für jeden Menschen, der ihr begegnete, ein frohes und liebevolles Wort fand.

ᘛ

Ich darf nun mir gehören
Und leuchtend breiten Innenlicht
In Raumes- und in Zeitenfinsternis.
Zum Schlafe drängt natürlich Wesen,
Der Seele Tiefen sollen wachen
Und wachend tragen Sonnengluten
In kalte Winterfluten.

Rudolf Steiner
aus: Anthroposophischer Seelenkalender, 1912, Spruch 25

Ohne Musik
wäre das Leben ein Irrtum

Friedrich Nietzsche
aus: Götzen-Dämmerung, 1889

ß

Musiktherapie

Über drei Jahre darf ich Emmy musiktherapeutisch und menschlich begleiten. Als sie im Frühsommer 2017 zu ihrer Tochter nach Rohrlack zieht, kann sie noch zu mir in die Praxis kommen. Es gefällt ihr gut in meinem Musikraum, steht dort ja ein Klavier, das sie an ihre eigene Wohnung in Spandau erinnert. Aber Klavier will sie nicht spielen. Singen ist das Losungswort. Singen macht sie froh. Immer. Mit und ohne instrumentale Begleitung, manchmal im Kanon und zweistimmig, dann einstimmig und ohne Begleitung.

Die Tonaufnahmen, die ich von unseren Liedern und Gesprächen machen durfte, möchte ich hier nicht wortwörtlich wiederzugeben. Weiß ich aus der Erfahrung doch, dass jedes Aufnahmegerät verfälscht. Und mir ist die echte Emmy wichtig. Darum verbleibe ich im Beschreiben.

Ab und an laden wir uns gegenseitig ein, gemeinsam Kaffee zu trinken und Kuchen zu essen. Wir sprechen vertraulich miteinander und werden so etwas wie Freundinnen, die ein gemeinsames Geheimnis verbindet: das Singen.

Einen überaus reichen Liederschatz bewahrt Emmy in ihrer Seele. Sie macht Vorschläge, was sie zu singen wünscht und kennt mindestens alle Strophen eines jeden Liedes, manchmal sogar noch mehr. In der Hauptsache handelt es sich um Liedgut aus der Wandervogel Bewegung. – Wie bin ich jetzt froh, dass meine eigene Mutter diese Lieder mehrstimmig mit uns Kindern sang, solange wir klein waren. Jeden Tag beim Kochen und beim Abwasch sangen wir sie gemeinsam. – Man lernt diese Lieder leider nicht in einem musiktherapeutischen Studium. Im Anhang gibt es eine Auflistung derjenigen Lieder, die wir am häufigsten gesungen haben.

Während sie zu Beginn unserer „Musikstunde" oft verwirrt daherkommt, wacht sie mit jedem Lied ein bisschen mehr auf und kann plötzlich ganz klar aus ihrer Vergangenheit erzählen. Emmy erzählt gerne. Doch dann fehlen ihr einzelne Wörter, sie sucht nach Ersatzworten, findet sie nicht und ärgert sich. Auch bei den Liedern entstehen immer mehr Lücken im Text. Der Inhalt, der Geist des einzelnen Wortes verduftet regelrecht, und zurück bleibt eine leere

Hülle. Dann verduftet auch die Hülle des Wortes und an deren Stelle tritt ganz allmählich ein großes Schweigen. Wird es mir möglich sein, das große Schweigen, das dann kommt, Emmys individuelles großes Schweigen zu begreifen, wirklich zu verstehen? Wird es mir möglich sein, auch die verlorenen und halbverlorenen Sätze richtig zu hören und zu begreifen?

Zwischen der Verduftung einzelner Wörter und dem großen Schweigen entsteht bei Emmy eine Phase der andauernden Wiederholungen, einzelne Worte treten immer zwischen den Satz, den sie sprechen will. Sie spricht sehr laut in dieser Zeit, weil sie nicht mehr gut hören kann und ihre Hörgeräte nicht mehr tragen will. (Auch mit ihrer Brille weiß sie nichts mehr anzufangen). Diese Phase ist für alle Menschen, die Emmy begleiten, sehr schwer auszuhalten. Doch davon später.

Viele der Lieder aus der Wandervogel Bewegung haben einen Refrain, den kennt Emmy noch lange Zeit, nachdem sie alle Strophen längst verloren hat. Und voller Freude und mit tiefer Inbrunst singt sie nun den Refrain einmal, zweimal, dreimal. Das ist der Trost, den ihr das Lied spendet.

Die Phasen, in denen sich die Inhalte ihrer

Worte verlieren, haben ganz bestimmt einen tiefen Sinn. Es ist eine neuartige Sprache entstanden, aber ich kenne die Regeln dieser Sprache noch nicht. Werde ich sie lernen können? „Da bin ich aber gespannt“, diesen Satz sagt Emmy oft zu mir. Dann sagt sie: „Da bin ich aber gesandt“. Dies nur als Beispiel. Ganz sicher handelt es sich hier nicht um Kauderwelsch. Vielmehr ist es der verzweifelte Versuch, sich verständlich zu machen, obwohl die einzelnen Worte der Sprache verschwinden. Um zu verstehen, beginne ich intuitiv zu lesen bei Kurt Schwitters, bei Gottfried Benn, bei Georg Christoph Lichtenberg, bei Christian Morgenstern und bei Rose Ausländer. Da finde ich Zitate, Aphoristisches, das den nun entstehenden Sätzen Emmys sehr ähnlich ist.

Als sie in ein Pflegeheim umzieht, kann ich Emmy dort noch eine gute Zeit lang begleiten. Oft bin ich am Morgen bei ihr, dann wecke ich sie mit leisen Leiertönen. Jedes Mal bin ich erstaunt, wie tief die Töne meiner Leier in das Herz von Emmy einziehen und sie aufwachen lassen. Wo sie doch so sehr schwerhörig ist und ihr Hörgerät längst entsorgt hat. Und wenn sie erwacht ist, dann singen wir wieder gemeinsam und sie erwacht ein zweites Mal, diesmal vom

Vergessen und kommt zeitweise zurück und in die Gegenwart hinein.

Natürlich muss ich noch erwähnen, dass ich stets in Begleitung von Herrn Yason zu Emmy gehe. Herr Yason ist ein altdeutscher Schäferhund, der noch Welpe ist, als er zum ersten Mal mit mir zu Emmy geht. Hunde sind in der Familie von Emmy beinahe wie Kinder, sie freut sich daher sehr über den Besuch von Herrn Yason. Und Herr Yason bemerkt sofort, wenn Emmy einmal traurig ist und legt sich neben sie mit seinem Kopf auf ihrem Schoß. So trösten die Beiden sich gegenseitig.

Die Schwestern im Pflegeheim sind anfänglich sehr abweisend. Als sie aber bemerken, wie freudig Emmy wird und wie sie erwacht, wenn ich sie besuche, da kommen sie und hören zu an der geschlossenen Türe. Und sie beginnen Fragen zu stellen. Nach einigen Gesprächen im Anschluss an die Therapie beginnen sie auch zu verstehen, was es mit den ständig sich wiederholenden Sätzen auf sich hat und sie lernen, diese Stereotypen besser zu ertragen, was nicht einfach, ihnen aber eine große Hilfe ist.

Man sieht oft etwas hundert Mal, tausend Mal, ehe man es zum allerersten Mal wirklich sieht.

Christian Morgenstern
aus: Stufen, 1905, 1918

Ein ganz besonderes Lied

There's a swallow, Silke, through the sky, Silke. Das ist der Satz, der Emmy nun über eine lange Zeit begleitet und der für die Umgebung von Emmy schwer auszuhalten ist. Er taucht immer wieder auf, vom Aufwachen bis zum Einschlafen, manchmal bis zu 20mal in einer Minute. Emmy spricht oft auch nur einzelne Teile dieses Satzes und sie spricht sehr laut, was die ständigen Wiederholungen noch schwerer zu ertragen macht. So wie tausend Körnchen Salz zu jedem Essen gehören, so würzt Emmy nun ihre Sätze mit „There's a swallow".

Es ist ein Lied, das zu diesem Satz gehört, neben dem Vornamen ihrer Tochter Silke, der die Sätze wie Pfeffer würzt. Dieses Lied schlägt Emmy niemals vor zu singen, als sie noch Vorschläge machen kann. Als ich aber einmal den Refrain leise vor mich hin summe, da springt sie sofort auf den Zug auf und singt mit, denn sie kann gut Englisch. Immer wieder müssen wir nun dieses eine besondere Lied zusammen singen. Auf Deutsch kennt sie das Lied nicht. Und nun ist es so absonderlich, dass gerade bei diesem Lied zuerst der Refrain verlorengeht, den Text und Melodie kann Emmy bis zuletzt nicht vergessen. Sie singt dieses Lied mit einer besonderen Art von Begeisterung. Als ich sie frage, woher sie es denn kennt, weiß sie das nicht zu sagen.

„Adonai" ist die jüdische Anrede für „Gott", zu donaj, dann zu donna geworden, das ist der Refrain: *donna donna donna donna, donna donna donna don, donna donna donna donna, donna donna donna don.*

Dos Kelbl wurde 1940 bis 1941 komponiert für das Musical *Esterke.* Von den beiden jüdischen Künstlern Aaron Zeitlin und Shalom Secunda stammen der Text und die Melodie dieses Liedes. Es wurde nicht sehr bekannt. Erst 1956 führte die englische Übersetzung dieses Liedes zum Erfolg; der große Durchbruch geschah 1960 von Joan Baez und 1965 von Donavan. In einem Liederbuch für die Klassen 5 bis 10 im Verlag Volk und Wissen 1989 finde ich eine Übersetzung des jiddischen Liedes ins Deutsche:

Das Kälbchen

Auf dem Wagen liegt ein Kälbchen, liegt
gebunden mit dem Strick.
Durch den Himmel fliegt ein Schwälbchen, fliegt
und flattert hin und zurück.
Lacht der Wind im Korn, lacht und lacht und
lacht.
Lacht darob den Tag, den ganzen, und die halbe
Nacht. Hej, donna

Weint das Kälbchen, sagt der Bauer: Wer hat dir
gesagt, sei Kalb?
Solltest lieber sein ein Vogel, solltest lieber sein die
Schwalb.

Dumme Kälbchen soll man binden, schlachtet sie
und hat noch recht.
Doch wer Flügel hat, kann fliegen und ist keines
Menschen Knecht.

Die Fassung, in der Joan Baez das Lied gesungen hat, wurde ins Englische übersetzt von Arthur Kevess und Teddi Schwartz:

Donna Donna

On a wagon bound for market
There's a calf with a mournful eye.
High above him there's a swallow
Winging swiftly through the sky.

How the winds are laughing
They laugh with all their might
Laugh and laugh the whole day through
And half the summers night.

Donna, Donna, Donna, Donna
Donna, Donna, Donna, Don
Donna, Donna, Donna, Donna
Donna, Donna, Donna, Don

„Stop complaining", said the farmer,
Who told you a calf to be
Why don't you have wings to fly with
Like the swallow so proud and free?

How the winds are laughing
They laugh with all their might
Laugh and laugh the whole day through
And half the summers night.

Donna, …

Calves are easily bound and slaughtered
Never knowing the reason why.
But whoever treasures freedom,
Like the swallow must learn to fly.

Donna, …

Lauter Fragen tun sich an dieser Stelle auf:

- Wann hört Emmy dieses Lied zum ersten Mal? Wann lernt sie es bewusst kennen? Das können wir nur vermuten.
- Seit wann singt sie es selber? Ganz sicher singt sie es oft, denn das Lied ist tief in ihr verankert und sie singt es mit großem Enthusiasmus
- Warum vergisst Emmy bei diesem Lied den Refrain, während sie bei ausnahmslos allen anderen Liedern den Refrain als Letztes vergisst?
- Warum bleiben gerade diese einzelnen Satzteile „There's a swallow – through the sky" in ihrem Sprachschatz vorhanden bis zum Schluss, als alle anderen Wörter schon längst verschwunden und vergessen sind?
- Was bedeutet dieses Lied für Emmy?

Sie ist fünf Jahre alt, als das Lied komponiert wird. Es ist Krieg. Wir erinnern uns, dass Emmy auf sich selbst gestellt ist, dass im Elternhaus über den Krieg nicht gesprochen wird, dass sie nicht mehr zur Schule gehen kann, dass sie in Verantwortung für ihren jüngeren Bruder allein auf dem Weg nach Berlin wohl an so manchem Leichenberg vorübergekommen ist. In dieser Zeit lebt dieses Lied ganz leise in der Welt. Hat sie es gehört, weil sie selber gerne singt und aufmerksam auf alle Lieder ist? Hat sie den Text damals gehört und verstehen können?

Als sie 21 Jahre alt ist wird die englische Übersetzung ein großer Erfolg. Der Krieg ist vorbei. Ist es eine Erleichterung, jetzt auf Englisch zu singen? Kann Emmy mit diesem Lied ihre eigenen schlimmen Erfahrungen aus den Kriegsjahren verarbeiten?

Die Schwalbe, die durch den Himmel fliegt, die frei ist, sie bleibt bis zuletzt. Bis zu dem Augenblick, an dem alle ihre anderen Sätze und Worte längst weggeflogen sind. Die Schwalbe, die durch den Himmel fliegt, sie bleibt tief in Emmys Herzen verborgen und wird sie sicher begleiten bis über die Schwelle hinaus. Ja, liebe Emmy, werde frei, Ja, liebe Emmy, flieg!

Als die Pflegerinnen um Emmy herum erfahren, dass die einzelnen Fetzen, die sie noch spricht, zu einem Lied gehören, wollen sie das Lied auch hören. Sie kennen es nicht, es gehört der jüngeren Generation nicht mehr an. Aber sie verstehen das Lied und können nun ganz neu mit diesen Stereotypen umgehen. So wird das Leben für alle beteiligten Menschen leichter.

Leben ist die Suche des
Nichts nach dem Etwas.

Christian Morgenstern
aus: Stufen, 1905, 1918

ᏈᏋ

Emmys bruchstückhafte Äußerungen

Ich versuche, die Zitate nach einzelnen Themengebieten zusammen zu fassen. Alle Zitate stammen aus der Zeit, in der Emmy bereits im Heim lebt. Es sind keine anderen Menschen in der Nähe. Besuch bekommt Emmy äußerst selten. Neben den Stereotypen, die bald erkannt sind, gibt es einige Stellen, die klingen wie Kauderwelsch, der größere Teil allerdings birgt Lebensweisheiten en gros: Wenn sie im rechten Sinne gelesen werden, mit liebevoller Zuwendung und mit herzwarmem Wohlwollen. Das benötigen die Texte und das braucht auch Emmy unbedingt in ihrer letzten Lebensphase.

Zu jedem Themengebiet findest Du kurze Erklärungen und abschließend mir ähnlich erscheinende Texte von bekannten Schriftstellern. Damit aber Du, liebe Leserin, lieber Leser, Dich leichter einfinden kannst in Emmys „Art zu fliegen“, soll an den Anfang ein Ausschnitt aus einer Therapiesitzung vollständig vorgestellt werden. Die Titel der dabei gemeinsam gesungenen

Lieder sind in Klammern dazu notiert, den Dialog kannst Du problemlos an den verschiedenen Schriftarten erkennen. Hier ist er:

Swallow in the sky
Hier ist Ihr Stuhl, bitte setzen Sie sich.

Swallow through the sky
Sie sind ganz strubbelig (ich kämme).

Sehr schön, toll, gut, was Du machst, ist ja verrückt
Was ist verrückt?

Wirklich verrückt, swallow through the sky
Hier habe ich noch eine warme Decke für Sie.

Da bin ich aber sehr froh. Wenn ich das dann weg habe und sagen kann, so, das habe ich erledigt. Das ist schön
Dann werden Sie eine Schwalbe, die durch den Himmel fliegt, wie in Ihrem Lieblingslied.

Sehr schön, sehr schön, süßes Wolf Rose gut ab das

Sind Sie heute sehr plötzlich aufgewacht?
Naja, das ist man dann, plötzlich wach und ist wach oder muss dann gucken und sich mit der Umgebung etwas arrangieren. Das ist schwierig und das ist immer das Schwierige, wenn man dann mit den angefangenen Sachen da weiter machen muss. Das ist immer blöd. Naja, wollen wir sehen through the sky

Was ist denn heute für ein Wetter da draußen?
Da bin ich gemacht. Na du hast es ja ganz schön und schön aus. Sieht eigentlich ganz schön nach einer ordentlichen Dusche aus

Ja, Nieselregen haben wir draußen
Naja, musst du mal sehen, dass sie noch ein Plätzchen findet, wo sie reinrutschen kann. Ja, wir sind ja etwas beweglicher, ein ganz Teil, there's a swallow through the sky

Mögen Sie trotz des Regenwetters ein Morgenlied von der Sonne singen?
Kriegen wir, wenn wir das kriegen, na klar

(Jeden Morgen geht die Sonne auf, Emmy singt verhalten mit)

Da habe ich aber gemogelt, sehr sogar, bin ja gar nicht mehr mitgekommen wäre through the sky. Ja aber jetzt war es aus. Die hatten da so merkwürdige – ein Ding, das war ganz seltsam. Hier der wollte ja nicht rein in das wird es swallow through the sky

(Es gibt eine Störung von außen)
Wer möchte die Nachtigall stören? Is a swallow. Was die noch da haben, ist ganz schön, there's a swallow, das ist wirklich schön

(Vogelhochzeit)
Einer wird bei uns immer unterschlagen! Der arme Kerl

Wir haben keine Strophe vergessen.
Dann ist ja gut

(Wenn alle Brünnlein fließen)
Das ist wunderbar. Das sind sie, das sind die Gesänge! Und hier sind die nämlich weggerutscht

(Horch was kommt von draußen rein)
Nun ist Ihnen die ganze zweite Strophe eingefallen
Warum denn nicht?

Und die dritte Strophe?
Das weiß ich nicht. Die sind so etwas schwieriger in einem Ton, im Einsetzen. – Das haben wir dann aber gut geschafft

(Die blauen Dragoner, sie reiten)
Eigentlich hatte ich mir für heute gar nichts vorgenommen, weil ich dachte, die sehen so zerlumpt aus und so zerrissen und so, dass es eigentlich richtiger wäre, man würde die mal ordentlich abwaschen und abseifen, damit sie richtig sauber wieder ins Land kommen. Und ich glaube, das wäre auch richtig. Aber ich weiß nicht, wie weit unsere, unser Vermögen hier halt, halt, Hände wie weit man das ausloten kann, und die anderen da mit einbeziehen, das wäre ganz schön. Dass there's a swallow, naja, through the sky. Gut, das ist ja schön, wenn es dann da ist. Und alles angehen, dann ist es auch wunderschön. Und dann freut man sich und wir vor Allem, die dann da sind und dann da sind und das sehen und mitkriegen. Da sagt man, das machen wir jetzt. Aber im Großen und Ganzen habe ich schon den Eindruck, dass ein bisschen an uns vorüber, vorbei geht. Ja, die nehmen uns gar nicht richtig wahr, weil die viel zu viel zu aktiv sind, würde ich jetzt sagen. Sie sind viel zu aktiv, die haben gar nicht die Zeit um aufzunehmen was, was,

was hier an ihnen geboten wird. Ich glaube, das ist der Grund, ja swallow, und bei uns nicht mehr Fuß ist. Kein, naja

Dabei kann man von alten Menschen so Vieles lernen!
Ja, kann man, kann man wirklich, es ist so unheimlich schwer. Sie haben – haben erstens ganz andere Themata, sie gehen anders vor und nehmen die Sachen ganz anders wahr. Sie nimmt einfach an, dass wir wahrnehmen. Wir sind empfindlicher, viel empfindlicher und wir denken dann immer, na das wird schon. Ja, aber es wird auch mal klar, aber ganz anders, als wir uns das vorgestellt haben. So, so, so swallow, flieg! Na schön

Flieg, Emmy, flieg! – 1

Aus den Liedern gegriffen

An dieser Stelle finden sich einzelne Kommentare von Emmy zu einigen der Lieder, die wir während der Zeit unserer Therapie gemeinsam singen. Die Liedtitel stehen wieder in Klammern.

1.
Das schneiden wir nicht mehr aus, das schneiden wir lieber ein,
dass es wieder reinkommt ins Gesicht
Da kommt einer anmarschiert und will nun auch etwas machen
(Grauer Städte Mauern)

2.
Kinder, Kinder, Kinder, das ist schon was!
Nee, machen wir woanders hin
Es ist ja eiskalt
Wollen was Schönes, Warmes singen.
Warm und weich
Ein swallow und ein Batzen
(Ein Heller und ein Batzen)

3.
Nein, haben wir nicht. Haben wir nicht. Wirklich nicht. Das ist auch schwierig
So, na ja, dann wollen wir mal sehen, was wir kriegen
(Im Frühtau zu Berge: Wir sind hinausgegangen, den Sonnenschein zu fangen)

4.
Wird mir wieder einfallen
So ist es
There's a swallow, das ist es
Und sperrt man mich ein im finsteren Körper
Das alles sind rein vergebliche Werker
Vergebliche Werker, denn meine Gedanken und
… sind frei und wunderbar
Through the sky
(Die Gedanken sind frei)

5.
Au ja, das ist ein warmes Lied, dann mal los!
Ja, so ist das. Vieles gesungen heute
Dann machen wir jetzt hier ne kleine Pause
Und wollen durchatmen
Und nachatmen
(Hohe Tannen weisen die Sterne)

6.
Und mir geht's auch zu gut. Und wenn der nicht so bang ich kann und halt, und schwenke meinen Hut. So
(Mein Vater war ein Wandersmann)

7.
Das war ja hart! Ach je, ich hab noch gar nicht nach einem Geburtstagslied geguckt und gesucht, obwohl ich weiß, dass ihr gesucht habt, und da war det natürlich ganz schön im Gange
(Zwischen zwei Liedern)

8.
Schön gesungen. Und dass du da mal wegschnappen musstest, das find ich gut
(Ich musste mal zwischendurch Atem holen)

9.
Das ist ja unerhört!!!
(Die Vogelhochzeit: die Fledermaus, die zieht der Braut die Strümpfe aus)

10.
Ganz sicher Goethe, wenn das so kommt, also für uns jetzt hier. Swallow. Da hat sich auch der

Rübezahl ganz schön eingenistet, wo haben sie den denn? Der ist draußen, na schön
(Hohe Tannen weisen die Sterne)

11.
Aha, so hat Mutter das geerntet!
(Winde wehn, Schiffe gehn)

ଓ

Georg Christoph Lichtenberg
aus: Aphorismen, 1902–1908

Das Wort Schwierigkeit muss gar nicht für einen
Menschen von Geist als
existent gedacht werden. Weg damit.

Was würde das für ein Gerede in der Welt geben,
wenn man durchaus die Namen
der Dinge in Definitionen verwandeln wollte.

Kurt Schwitters

aus: Eile ist des Witzes Weile, um 1938

Wenn jemand unliniert ist

Wenn jemand unliniert ist, so muß er immer wieder feststellen, daß die Welt liniert ist. Wie ein Zebra ist die Welt in Streifen geteilt, und dabei hat sie doch nur ein einziges Fell. Auf den Linien ist die Welt beschrieben, und dadurch unterscheidet sie sich von dem Zebra, das meistens nur selten beschrieben ist. Das liegt aber wiederum daran, daß man auf Fell schlecht schreiben kann. Wie ein unbeschriebener Briefbogen läuft das arme Zebra nun in der Welt herum, welche im Gegensatz zu ihm von links nach rechts beschrieben ist.

Flieg, Emmy, flieg! – 2

Aus den Träumen geboren

Viele Male bin ich früh am Morgen schon bei Emmy. Manchmal frage ich sie nach ihrem Traum. Öfter beginnt sie von sich aus ihren Traum zu schildern. Hier sind einige Auszüge.

1\.

Geträumt. Ziemlich lange. Ich habe auch gar nicht gesucht nach irgendwelchen Dingen, habe gleich eingepackt, was ich brauchte und dann fertig. Und der Kleine kam noch an und hat mitgemacht und damit war es voll; There is …. Ja so ist das. Und das Verrückte war denn eben. Als ich ankam alle mit dem ganzen Zeug, naja dann war das sofort voll, war das Haus voll, ja. Schön habe ich mich gefreut.

2\.

Das ganze Leben geträumt? Das wäre ein bisschen wenig gewesen!

3.
Einiges habe ich heute sehr schön geträumt, das waren so leichte Sachen, die da im Außenbereich waren; das war sehr schön und da dachte ich mir, das hätte ruhig ein bisschen länger sein können, weil es mehr Ruhe hat und weil es den Leuten auch mehr gibt. Das war, naja, okay, gut, nun isses weg und war da gut, basta, gut. Das ist durchaus denkbar.

☙

Georg Christoph Lichtenberg

aus: Aphorismen, 1902–1908

Wenn ich in irgendetwas Stärke besitze, so ist es gewiss im Ausfinden von Ähnlichkeiten und dadurch im Deutlichmachen dessen, was ich vollkommen verstehe; hierauf muss ich also vorzüglich denken.

Es muss ja in Allem ein gewisser Geist sein, ein Blick, der gleichsam als eine Seele das Ganze leitet.

Flieg, Emmy, flieg! – 3

Aus der Angst ausgebrochen und erwachsen

Oft habe ich in den Worten, die Emmy zu mir spricht, das Gefühl, sie trüge eine tiefe Angst in sich. Ihre Not ist mir hörbar. Diese ihre Sätze stehen immer im Augenschein ihres besonderen Liedes. Keiner der Texte steht in einem Zusammenhang mit dem, was vorher oder nachher gesprochen wird. Emmys Worte kommen aus heiterem Himmel. Und sie kommen immer in einem bedrängten Tonfall und meistens sehr schnell und lauthals daher gesprungen. Hier einige Auszüge.

1.
Da kommt wieder so ein Kleener anmarschiert, naja, gut. Und hier kommt auch einer an, through the sky. Ich weiß nicht, was er macht, der war jetzt draußen.

2.

Through the sky. Sooooo, there's a swallow. Ja das machen wir ja. There's a swallow, Mann, there's a swallow. Aber eiskalt ist det, nich? Eiskalt.

3.

Verrückt. There's a swallow. Da kommt einer anmarschiert mit seiner … ja, der hier. Der kommt an und will nun auch irgendwas machen wahrscheinlich. Mal sehen. Mensch, ja. Was wollen wir heute singen? Dagegen? Was Schönes. Was Warmes. Was Weiches. Was Angenehmes. There's a swallow. Irgendwie high above him there's a swallow swinging swiftly throuuuuuugh the sky. Ich werde mich dann mal hier zurück ziehen, damit wir uns wieder frei bewegen können.

4.

Jetzt haben die aber bei mir angerufen, nich? Habe ich jetzt ne swallow oder ist was falsch?

5.

Nee, ich möchte da eigentlich nicht so ran, das würde mich sehr beruhigen, weil ich dann nicht swallow sicher bin. Mir ist lieber, wenn ich alles schön und glatt habe und weiß habe through the sky, wie es bei mir zugeht. Ganzes Stück.

6.

Das Verrückte ist eben, dass man hier plötzlich dann an diesen ganzen Sachen mit den gereinigten Dingen und so sitzt und steht und dann gar nicht so ohne Weiteres weiter kann, weil man ja hier alles dann so vollgestellt hat. Da kann ich nicht mehr raus swallow, die waren ja alle vollgestellt, die Sachen. Nee.

7.

Dann muss ich mal sehen, wie es jetzt wird, weil wir bald da kommt dass es da im Haus so wie es dann through the sky weitergeht.

8.

Puppen. Truppen. Hat noch was gemacht, damals. Wir waren ja mittendrin. Arbeiten. Ausruhen nicht. Ach so, naja, das haben wir dann schon gemacht. Aber das ist – es ist noch nicht manifestiert, es ist nicht feste gedeutet, ja? Wer hierzu war, jetzt, wer jetzt hier zu war, ja, das waren die Bekannten, die sich da was geholt hatten und die das abgestrichen haben, aber die eigentlichen … Kerle, sagen wir mal, die sind nicht da gewesen, diese dichte kam auch nichts gezeigt und angezeigt und wollten auch nicht, nee, das wollten sie nicht. Through the sky, das war ihnen zu üblich, Silke, so da war ich zu eklig, zu dicklich. Ja das wollten wir nicht, soweit es dann nicht, Silke, so sollte es auch eigentlich nicht sein. … Puppen Puppen Puppen im Kopf. … Puppen im Kopf wollten sie nicht, das wollten sie nicht, Silke. Wollten sie nicht . Sind sie wieder weg? Ja durchaus durchaus. Wenn ich … energisch bin, dann ja.

9.
Rübezahl begegnet! Nee! Es ist nur, aber – also – nee. In dem Sinne gar nicht. ***Das war er nicht!!!!!*** *Der sieht natürlich toll aus, ja, den nehmen sie mal mit. Through the sky Silke, den brauchen wir. Der kann gar nicht ohne. Das muss man lassen. Das muss er von alleine auch immer, das braucht er, Silke, through the sky.*

10.
Ach ich weiß wohl nicht, ich kann Ihnen nicht sagen, das ist … ich kann es nicht, kann einfach nicht sagen, warum bei denen das so anders ist als bei den Anderen. Kann ich nicht erklären, weiß ich nicht Silke. Das ist ganz anders, die sind, ja, … ich weiß jetzt gar nicht mal ist es jetzt, liegt es jetzt daran, dass die Silke oder dass ein Anderer swallow hier überlegt.

11.

Das müssen sie selbst machen. Das ist so losgelöst von Allem. Ja das ist nicht richtig festgelegt und so und dann ist es ganz locker. Und dann kommt einer und möchte das gerne haben und aufgreifen oder so. Das geht gar nicht, weil es gar nicht da ist. Das gibt es gar nicht und das ist schwierig. Und das heißt, dadurch kann man natürlich als Mensch, der ihr noch mit guckt, der kann es gar nicht gut auffangen, weil er das gar nicht hat, das gibt es gar nicht, ja? Es gibt nicht richtig dieses Schöne, wo man sagt, ach da kannst du doch hingehen dann, dann legst du dich eine Stunde hin und dann machst du weiter. Das gibt es eben nicht, das ist nicht da. Na mal sehen swallow. Ich muss da noch mal nachdenken wie das ist und wie das kommt, das ist die Arbeit. Through the sky so ist es, der ist völlig raus geraten. Das müssen die Kinder selber machen. Ja sicher. Aber auf der anderen Seite ist es so, dass man eben nicht alt ist in dem Sinne.

12.

Habe ich mir gestern Nachmittag noch was ausgedacht und auch gedacht, naja, wenn du jetzt da arbeitest und dann stellst du die Leute da hin und schickst sie auf die Reise und sagst, so, nun gehst du los und guckst jetzt, wie du da weiter kommst.

Und dann stellst du, als armer Mensch hier, als Menschlein, stellst sie dann da hin und sagst swallow, wie es sollte und dann … kommst du da an und dann hast du das alles through the sky gar nicht richtig im Griff, und dann sollst du … sollst du das und jenes machen, und das ist doof und das ist doof. Das kriegt man nicht hin. Das ist so swallow, ich muss erst anfangen rein zu kommen und nicht eine Maschine zu sein through the sky. Ja das können sie auch nicht so schnell wegkriegen. Klar, das kann man so schnell nicht wegkriegen, das ist nämlich schwer, das ist unheimlich schwer Silke.

☙

Gottfried Benn

aus: Statische Gedichte, 1958

Arche Literatur Verlag Zürich 1948/2006

Ein Wort

Ein Wort, ein Satz –: aus Chiffren steigen
erkanntes Leben, jäher Sinn,
die Sonne steht, die Sphären schweigen
und alles ballt sich zu ihm hin.

Ein Wort – ein Glanz, ein Flug, ein Feuer,
ein Flammenwurf, ein Sternenstrich –
und wieder dunkel, ungeheuer,
im leeren Raum um Welt und Ich.

Flieg, Emmy, flieg! – 4

Aus dem Alltag

Auch das Alltagsleben im Heim hinterlässt seine Spuren. Hier einige Bemerkungen zur Einnahme von Tabletten, die Emmy niemals einnehmen möchte, und anderen Tätigkeiten.

1.
(Emmy nimmt ihre Tablette wieder aus dem Mund).
War da gut versteckt. Ich komme nicht weit, das geht nicht weiter. Es hört sich so bitter an, das sieht so bitter aus, muss man mal gucken. Wenigstens so weit sind wir

2.
Nee, die Brille setz ich nicht auf; nee, das ist ja für die jungen Leute. Kann ich gar nicht hören damit

3.
(Dialog beim Kämmen der Haare):
Silke, Mann, das ist ja toll. Eben gleich wieder angebummt

(Ich gehe mit dem Kamm einmal durch ihre Haare).
Silke, through the sky, through the sky, through the sky. Oi, die sind ja sehr gut beraten worden

Wer hat den die Beratung gemacht?
Weiß ich nicht, through the sky, keine Ahnung Silke. Wenn keiner da Leitung hat. Silke, Silke

Ist es jetzt besser am Kopf?
Silke, das war so schön. War gemütlich und warm und so … da habe ich das genossen

Ich bin aber nicht Silke.
Nein, sollst du aber doch. Ja, sind Sie doch. Können Sie doch, warum nicht? Silke, Silke

Das bin ich und das sind Sie.
Das bin ich? Da muss ich mich erst mal dran gewöhnen!

4.
Sie müssen sich warm anziehen, dass sie da nicht durchfroren. Das sind lange Tage

5.
(Emmy hat ein Haar im Mund, das sie stört):
Ich muss überlegen, das weiß ich nicht. Was ich da mache. Also ich weiß nur, ich möchte hier die Sa-

chen ein bisschen Ordnung rein kriegen. Ich fand es so schön, im Bett es auf zu machen und dann konnte man sehen, was da alles ist und so, und das fand ich so toll. Und da dachte ich, Mann, also da muss ich aufpassen, dass ich das habe. Das die dann da sind und ein paar schöne, ordentliche Spieße, die man rein geht und wo man hingeht und guckt, das ist schön. Und das fand ich toll – obwohl – obwohl, da war gar nichts, das haben sie, da war gerade ein Haar im Mund – Da muss man wirklich den Finger nehmen und rein gucken – die sind weich und so, ganz gut zu erreichen –

ଓ

Georg Christoph Lichtenberg

aus: Aphorismen, 1902–1908

Erst ein Jahr nach meiner großen Krankheit
fing ich an,
auch an der linken Seite älter zu werden.
Was ich darunter verstehe, ist mir sehr wohl
bekannt
und wird an einem anderen Ort
ausgeführt werden

Flieg, Emmy, flieg! – 5

Ordnung muss sein!

Ordnung ist gelebtes Leben für Emmy. Dasjenige, was stets an erster Stelle steht. Es folgen hier „ordentliche Zeilen".

1.
Ich möchte da jetzt nicht so ran, das würde mich beunruhigen, weil ich dann nicht sicher bin. Mir ist lieber, wenn ich alles ein bisschen schön und glatt und ein bisschen weiß habe, wie es bei mir zugeht. Ein ganzes Stück.

2.
Dann machen wir mal hier ne kleine Pause. Und dann machen wir mal so richtig ne Durchatmen. Dass man richtig mal nachatmen kann. Und sagen kann: So. Und jetzt machen wir Pause. There's a swallow.

3.
Man muss schon immer aufarbeiten und abarbeiten, damit das alles schön zusammen bleibt.

4.

Weiß ich nicht. Ich muss ja abwarten, wie das aussieht, ja. Also zurzeit sieht es sehr gut aus. Ist alles recht geordnet. Und da bin ich ganz zufrieden mit, aber es kann ganz schnell umkippen.

5.

Dann hat er sich auch noch so gut eintakten lassen. Naja, ich gar nicht jetzt, ich hab nur erstmal so die wichtigsten Sachen zusammen gerafft, ja. Mir ging es nur darum, dass die Leute sich wirklich auch zu sich finden. Dass man sie dann, war ja überall was Interessantes und so und da wollte ich eben gerne, dass sie auch dabei sind und das dann mitmachen. Ein Teil ja. Nicht alle. Das passte auch nicht. Nein, das kommt nicht. Aber hier so. Schön. Gut.

6.

Im Moment kann man gar nichts tun, weil man ja die – man kann auch nicht einfach alles so hin tun und hinlegen, das geht nicht, das gibt es nicht. Das ist nicht da und das gibt es nicht und – da muss man eben sehen, wie man das wieder auf's Lot bringt. Das geht nicht ohne Weiteres. Ja. Man muss für sich selber auch helfen. Das geht sonst nicht. Und jetzt wollen wir mal in Ruhe einen schönen, gemütlichen Morgen machen.

7.
(Beim Aufstehen)
Das ist ja schön. Fein. Ich habe gerade eben noch, noch so ein paar Krümel aufgesammelt und da dachte ich, dieses, dieses da, mit den Sachen und Kleidung und sowas allem. Ach, und in dem Moment sehe ich schon, dass da also ordentlich gearbeitet wird. Das habe ich weg, ein Glück.

8.
Ach was machen wir da. Also, als Erstes mache ich jetzt mal so ein bisschen Aufräumen. Erst mal das Wichtigste, dass es aussieht wie ein Haus. Wohnung, schöne Wohnung, das ist sehr wichtig. Dann werden wir erst mal gucken; was wir, wie es aussieht und wie es ist, wie alles ist, wie alles zu Hause ist. Dann bin ich erst mal sehr zufrieden, wenn ich merke, aha, alles hat seine Ordnung. Ja, das ist es, das ist schon. Dann kann ich gut schlafen.

Georg Christoph Lichtenberg

aus: Aphorismen, 1902–1908

An jeder Sache etwas zu sehen suchen, was noch niemand gesehen und woran noch niemand gedacht hat.

Wir sehen in der Natur nicht Wörter, sondern immer nur Anfangsbuchstaben von Wörtern, und wenn wir alsdann lesen wollen, so finden wir, dass die neuen, sogenannten Wörter wiederum bloß Anfangsbuchstaben von anderen sind.

Flieg, Emmy, flieg! – 6

Erinnerungsflüge

Erinnerungen finden ihren Ausdruck meistens ganz plötzlich und ohne jede Vorwarnung, dann werden es meist ganze „Romane", die Emmy erzählt. Manchmal aber sind es auch nur einzelne Sätze, nach denen dann stets eine plötzliche Stille eintritt, sozusagen eine Generalpause dirigiert Emmy dann. Hier fliegen sie vorbei.

1.
Das ganz Verrückte ist eben, dass man plötzlich an den ganzen gereinigten Sachen vollgestellt ist, sitzt und steht und nicht ohne Weiteres weiter kann, weil man ja hier im Kopf alles vollgestellt hat.

2.
Und das habe ich mitgekriegt und das habe ich auch behalten. So ist das.

3.
Mit den Löchern ist das so: Sagen wir mal, es ist nicht so, dass man sie immer kontinuierlich hat.

Sondern man, … jaaa, es ist nicht gleichmäßig und man muss dann immer gucken, dass wie man alles miteinander zusammen kriegt, ja? Und am schönsten ist es natürlich, oder am besten, wenn alles gut zusammen passt und man ankommt und dann sieht und auch sagt: ach ja, jetzt sind sie alle wieder da, jetzt ist alles da, jetzt können wir weiter machen. Nicht, das ist dann, das ist dann eine andere Sache, das ist abgeschlossen und abgerundet und da, da wird man auch nicht gestört werden, da wird man auch wissen, was es ist. Ja, so ist das. Na gut.

4.
Eine Mutter? Na mal sehen, through the sky. Eigentlich habe ich das nicht; weil wir das nicht so bei uns geübt haben.

5.
(Über Hunde und Menschen)
Das ist ja ganz jung noch, meine Güte, das arme Viechlein. Mensch Kinder, das ist schlimm! Hatten wir einen Hund? Jaaa ein … wir haben, nee, wir haben so allgemein … rumgewirtschaftet, aber wir haben nicht ***bewusst*** *und, und, und ganz zügig so … so … Führung gemacht. Ging eben weg, dann kommt er ins Haus oder geht er zum Haus nicht*

weg, das hatten wir nicht, nee nee, das war nicht. … Naja, das wurde bei uns nicht so gepflegt, Silke, das musste, Man musste jemand haben, der da ist und der dann das für die Viecher wirkt, das war wichtig. Das war richtig … Wir haben nur dafür gesorgt, dass es so einigermaßen gut ausgeht, dass die Leuchte haben, und dass sie gutes Licht haben, und das haben wir durchgemacht und durchgesetzt, nicht. Aber wir haben nicht so … so … die direkte, wie soll ich jetzt sagen, ne ganz regelrechte Beziehung darüber geführt. Ja, gar nicht. Es war nicht, nee aber ich habe es also jetzt auch hier im Haus mal erlebt, dass man den Leuten hier anbietet, dass man gesagt bekommt, geh rein, zieh dir was Warmes an oder so, so wie man es eben normalerweise bei Kindern auch macht, nicht, oder bei Erwachsenen macht, der das was habe ich jetzt erst, vor einiger Zeit kennengelernt. Das war hier nicht so. Das war sehr sachlich, Silke, Silke. Da wurde ich offenbar, nur darum, dass die Tiere und Kinder versorgt wurden, Silke, das war wichtig. Und alles andere blieb so ein bisschen auf der Landstraße.

6.
(Über die Kinder)
Lieb, äh, liebevoller, lieb oder einfach Einfachheit Silke, das kann ich nicht erklären, weiß ich nicht. Normalerweise würde ich sagen, naja, die eine ist eben etwas handfester, und die andere nicht, aber das kann ich gar nicht erklären. Ich wüsste nicht, warum es sein sollte, Silke, Silke, das weiß ich nicht, das muss man sehen. Na da kommt doch jemand! Silke, na, komm! Silke, komm! Komm mein Kind! Silke, Silke, Silke, da kommt einer an. Ja, eben, das ist süß, wenn man mal in den Arm benommen wird. Da kommt einer an …

7.
(Die Kinder)
Erstens muss man dauernd parallel lieben. Man kann nicht einfach sagen, ich bin nicht da, dann bin ich da. Das klappt nicht, das funktioniert nicht und es ist mit den Kindern, die brauchen es, dass man da ist für sie, dass man sich kümmert, dass man aufpasst, dass man es sieht, wenn da irgendwo was nicht läuft, das muss … muss passieren. Ja, und dann müssen die Kinder schon da sein. Die brauchen es. Egal wie alt und wie groß sie sind, es ist – das hat damit gar nichts zu tun. Ja das freut mich. Silke, und die sind dann, wenn sie,

wenn sie merken, dass sie fertig werden und dass sie groß werden, dann müssen sie auch ihren Platz kriegen. Denn dieser Platz, der ist eben also eine richtig ausgefüllte Sache, deshalb, man kann zwar sagen, du, weißt du jetzt, hör mal auf so rum zu ulken, aber sieh auch zu, dass du deine Sachen in Ordnung kriegst! Also das, dass die Arbeit dazu kommt und dass man das alles auf die Reihe kriegt. Das ist ganz wichtig. Und das ist gerade so unverständlich für die kleineren Sachen. Das, da ist es ganz wichtig, dass man den Kindern und den Erwachsenen auch, dass man denen dann etwas zuschiebt und sagt, du, also jetzt pass auf! Hier wird es jetzt eng. Da wird es eng, hier kommst du nicht weiter, jetzt musst du ran. Und das ist so, das ist ne schwierige Kiste. Die ist wirklich, die ist schwierig. Da möchten wir gucken. Da, möchten wir auch gucken und sagen, also Kinder, Hände weg! Und dann wird ordentlich gearbeitet. Richtig!

8.

Das ist das, was jetzt hier bei uns so ein bisschen als, na wie soll ich jetzt sagen, so zwischen den Leuten liegt. Ich kann die Sachen anregen und anmachen, aber ich kann sie gar nicht richtig einsetzen, weil, weil ich sie nicht richtig anmachen kann. Das ist ganz komisch. Ja ich bin nicht richtig zu-

ständig, weil ich hier die Sachen zum Teil ja einsetzen muss, und auf der anderen Seite ist es so, wenn ich sie jetzt einsetze, dann kann ich trotzdem nicht mit den Kindern arbeiten, weil ich – ja, was soll ich mit den Viechern machen? Sie müssten eigentlich ganz anders angesprochen werden. Und das klappt nicht und dann muss ich sehr überlegen, da komme ich schwer hin, weil ich da gar nicht zufrieden werde. Ich bin nicht zufrieden, ich kann es nicht machen, weil ich jetzt nicht so einsetzen kann, wie es sein müsste, und auf der anderen Seite ist es eben so, dass die Kinder nicht genug kriegen. Sie haben nicht das, was sie brauchen, um die Erfolge zu haben, die sie brauchen. Na gut, das ist ja auch bei uns da.

9.

Das weiß ich noch nicht. Das kann ich noch gar nicht sagen. Es ist so – es ist gleich eigentlich eine Sache, die noch völlig außer, ausgegoren ist. Die ist noch gar nicht, also, richtig da ist. Die erst kommen muss, die eigentlich vorhin erst oder gestern erst angekommen ist. Und dann habe ich mit den Kindern nochmal gesprochen und habe gesagt, ist da was? Wir haben es nochmal, wir besorgen es nochmal, wir versuchen nochmal Einiges, was ihr besser zu machen könnt. Und dann fangt ihr da-

mit an gehen und dann kann ich auch damit umgehen. Das ist so, ja, weil so, so wachsartig oder so wachstumsartig macht, dann ist es ganz schlecht, weil man gar nicht genug, … genug Überlegungen gemacht hat. Die müssten richtig, ganz intensiv sein, und das sind sie nicht. Und dadurch kannst du gar nicht gut arbeiten damit.

10.

Naja, jedenfalls haben wir das ein bisschen auf die Reihe gekriegt und das war ganz gut, gestern, es war wirklich sehr schön und die haben mitgemacht, die waren ganz prima. Die haben das verstanden, worum es geht und um was es bei ihnen ging und so. Und das war sehr schön und das war sehr gut. Und für die Leute hier, für unsere Leute, war es eben richtig wichtig, dass sie erleben konnten, wie man das machen, muss, damit das wieder aufgebaut wird. Ja. Es ist … es ist eben nicht einfach jetzt so hin zu gehen und zu sagen, naja, ich mache das und das. So geht es nicht, das klappt nicht. Und das haben sie auch begriffen, das haben sie ganz wunderbar mitgemacht, ja. Das war schön und die haben sich auch sehr gefreut, als sie gemerkt haben, wie wir uns bemüht haben, da mit den Leuten fertig zu werden und ihren Bedürfnissen nachzukommen. Das war ganz toll, ganz groß-

artig. Und wir sind auch ganz prima damit zurecht gekommen. Fand ich.

11.
(Schmusen mit den Kindern)
Nöö, aber ich habe – wir haben ihnen die Möglichkeit gegeben. Nicht so viel gemacht. Das war alles sehr – sehr üblich. Oder sehr offen unwichtig. Man wurde immer betüddelt, aber man musste auch was tun dafür. Und das war der Punkt, wo wir dachten, ob das gut ist, wenn man immer mit denen rummuttelt. Und – aber so —, sie wurden schon sehr eingepackt. Und dass ja geguckt wurde, dass wir alles ordentlich machen. Das war schon ganz wichtig. Und wenn es nicht da war, dann war es eigentlich auch eine unzufriedene Sache, weil man jemanden nicht richtig bedient wurde. Die eigenen Leute oder die älteren Leute waren nicht da und wurden nicht bedient, und die jungen Leute, die wurden ja auch nicht richtig bedient. Es war ja keiner da, der ihnen etwas gab oder so oder empfahl oder Empfehlung gab. So ist das.

12.
(Das kleine Mädchen und der Bruder)

Ach Mann, eigentlich war ich da ganz unbenommen. Ich musste nur immer, immer sehen, dass ich mich mit meiner Mutter da einig werde. Das die da nicht dazwischen kommt und immer, immer was erzählt, was ich gar nicht hören will und sowas. Das ist so meine Sache ja, aber ich denke, wenn man da mit der Mutter einigermaßen klarkommt, dann muss es eigentlich klappen. Dann muss es gehen … Das ist wahr, da gab es keine großen Offenheiten, Ja. Man musste dann schon ganz schön aufpassen. Auf jeden Fall Rollschuhe. Der durfte eine Menge tun und waren auch so Freiheiten, ja, der hatte auch die Möglichkeit rauszugehen und was zu erledigen. Ich überhaupt nicht, nee, gar nicht. Das war alles anders, war sehr, sehr streng gehalten.

Kurt Schwitters

aus: Anna Blume, Gedichte, 1922

Menschen sind Menschen

Menschen sind Menschen,
Freuden das Ziel,
Frieden das Leben,
Leben das Spiel.
Es rollt die rote Scheibe,
Gemeinschaft gibt uns Kraft,
Die Sonne scheint uns allen,
Wir stehen oder fallen.

Menschen sind Menschen,
Nachten zum Strahl,
Richten die Kräfte,
Steigen zu Tal.
Es rollt die rote Scheibe,
Gemeinschaft gibt uns Kraft,
Die Sonne scheint uns allen,
Wir stehen oder fallen,
Die Zukunft ist gestrafft.

Menschen sind Menschen,
Bannen die Hast,
Streifen den Bogen,
Tragen die Last.
Es rollt die rote Scheibe,
Gemeinschaft gibt uns Kraft,
Die Sonne scheint uns allen,
Wir stehen oder fallen,
Die Zukunft ist gestrafft.

Flieg, Emmy, flieg! – 7

Sonnenblicke

Besonders schöne Augenblicke kann ich mit Emmy erleben, wenn sie bemerkt, dass die Sonne hell in ihr Zimmer scheint.

1.

Jetzt haben sie aber bei mir angerufen, was ist falsch? Also ich muss mich erst mal zurecht finden; die Sonne geht auf, das ist ja herrlich; kommt auch noch … wunderbar.

2.

Jetzt wird es munter, ach ja, da kommt einer angewitscht. Weil die Sonne eben so schön aufgegangen ist und lacht. Die guckt so schön. Ja die lacht. Und das knallige Rot dabei, ganz irre. Da muss man sich einstimmen. Das ist natürlich. Ja, da wird man schön aufgemuntert. Sehr schön.

3.
Jaa, so wunderbar. Ach ja, das ist wunderbar. Ist ganz wunderbar. Die Sonne scheint mit den ganzen Sachen hier. Das ist toll. Ich habe gut geschlafen. Ich bin immer ganz schnell wach und denn bin ich immer ganz schnell da und wach und bereit und arbeite. Ja, naja, das ist eben so. Through the sky.

☙

Rose Ausländer

aus: Im Aschenregen die Spur deines Namens.
Gedichte und Prosa 1976

© 1984, S. Fischer Verlag GmbH, Frankfurt am Main

Wort an Wort

Wir wohnen
Wort an Wort
Sag mir
dein liebstes
Freund
meines heißt
Du!

Dank und Gedanken sind Geschwister

Gedanken wollen oft – wie Kinder und Hunde –, dass man mit ihnen im Freien spazieren geht.

Christian Morgenstern
aus: Tagebücher 1987

Mein Dank

Mein Dank gilt in erster Linie der Familie von Emmy, die mir erlaubt hat, über Emmy nicht als Pseudonym zu schreiben, sondern als bemerkenswerter individueller Mensch, dessen Leben mit diesem Büchlein der Öffentlichkeit zugänglich wird. Das setzt ein großes Vertrauen voraus, dem ich dankbar zu entsprechen hoffe.

Mein Dank gilt besonders Bernd Aßmann, ohne dessen enorme Hilfe die unzähligen Tonbandaufnahmen niemals den Weg auf das Papier gefunden hätten.

Mein Dank gilt all den vielen Menschen, die mich immer wieder ermutigt haben, dieses Büchlein zu beginnen, durchzuführen und zu Ende zu bringen.

Mein Dank gehört Juan Fidel, der mich an die Kindheit erinnert.

Mein innigster Dank aber gilt Emmy.

Nachwort

Seit einigen Jahren nun liegt Emmy stumm
in ihrem Bett.
Kleinste Regungen in ihren Gesichtzügen
sind zu bemerken
Wenn man genau hinschaut.
Möge Emmy mit diesem Büchlein die
Möglichkeit finden,
sich in eine Schwalbe zu verwandeln:
… *Winging swiftly through the sky.*

Anhang: Emmys Liedtexte

Aus: Das goldene Buch der Lautenlieder

1.

Aus grauer Städte Mauern ziehn wir durch Wald und Feld,
wer bleibt, der mag versauern, wir fahren in die Welt
Halli, hallo, wir fahren, wir fahren in die Welt

2.

Ein Heller und ein Batzen, die waren beide mein;
der Heller ward zu Wasser, der Batzen ward zu Wein.
Heidi, heido, heida …

3.

Im Frühtau zu Berge wir ziehn, vallera,
grün schimmern wie Smaragde alle Höhn, vallera!
Wir wandern ohne Sorgen singend in den Morgen,
noch ehe im Tale die Hähne krähn.

4.

Die Gedanken sind frei, wer kann sie erraten,
sie fliehen vorbei wie nächtliche Schatten.
Kein Mensch kann sie wissen, kein Jäger erschießen
mit Pulver und Blei, die Gedanken sind frei!

5.
Mein Vater war ein Wandersmann
und mir steckt's auch im Blut,
drum wandere ich frisch, solang ich kann
und schwenke meinen Hut!

6.
Ein Vogel wollte Hochzeit halten in dem grünen Walde,
viderallala, …

7.
Winde wehn, Schiffe gehen weit ins fremde Land.
Und des Matrosen allerliebster Schatz bleibt weinend
stehn am Strand.

Anmerkung: Von jedem Lied ist hier nur jeweils die erste Strophe abgedruckt. Die vollständigen Liedtexte finden Sie im Internet unter www.info3.de/kauderwelsch

Aus Emmys Gedächtnis:

Hohe Tannen weisen die Sterne von der Iser
wildschäumender Flut.
Liegt das Lager auch in weiter Ferne, doch du,
Rübezahl, hütest es gut.

Hat sich uns zu eigen gegeben, der die Sagen
und Märchen ersinnt.
Und im tiefsten Waldesfrieden als ein Riese
Gestalt annimmt.

Komm zu uns an das flackernde Feuer, in die
Berge bei stürmischer Nacht.
Schütz die Zelte, die Heimat, die teure, komm
und halte mit uns treue Wacht.
Viele Jahre sind schon vergangen und ich sehn
mich nach Hause zurück.
Wo die frohen Lieder oft erklangen, da erlebt'
ich der Jugendzeit Glück.

Wo die Tannen stehn auf den Bergen wild vom
Sturmwund umbraust in der Nacht,
Hält der Rübezahl mit seinen Zwergen alle
Zeiten für uns treue Wacht.

Höre, Rübezahl, was wir dir sagen, Volk und
Heimat sind nimmermehr frei.
Schwing die Keule wie in alten Tagen, schlage
Hader und Zwietracht entzwei.

Ebenfalls im Info3 Verlag

Silke Kirch
Das Murmeln der Auguste Deter
Oder: Was ist die Kunst im Umgang mit Demenz?
168 Seiten, Klappenbroschur, € 9,90
ISBN 978-3-95779-021-7

Auguste Deter war die erste Patientin, an der Alois Alzheimer das später nach ihm benannte Krankheitsbild erforschte. Silke Kirch reflektiert vielfältige wissenschaftliche Untersuchungen und schöpft zugleich aus ihrer kusttherapeutischen Arbeit mit demenzkranken Menschen.

www.info3.de

Die Schlanke Reihe im Info3 Verlag

Johannes Kiersch
Von der Steinzeit bis zum Great Reset
Ein Anthroposoph versucht, sich nach Corona zurechtzufinden
Schlanke Reihe Band 1
78 Seiten, Klappenbroschur, € 9,90
ISBN 978-3-95779-148-1

Dieser Essay nimmt die Corona-Maßnahmen zum Anlass eines Rückblicks in die Entwicklungsgeschichte des menschlichen Bewusstseins, um im größtmöglichen Überblick den Sinn für die Brisanz der Lage zu schärfen. Dabei bilden Hinweise Rudolf Steiners immer wieder wichtige Orientierungshilfen.

www.info3.de

Jahn Finkas

Kleines Pandemisches Glossar

Versuch einer Aufarbeitung

Schlanke Reihe Band 2

102 Seiten, Klappenbroschur € 9,90

ISBN 978-3-95779-162-7

Den zahlreichen Ungereimtheiten der staatlichen Corona-Politik geht Jahn Finkas intellektuell anspruchsvoll nach, er befragt Formeln wie die von der „Pandemie der Ungeimpften" und analysiert widersprüchliche Restriktionen. Er verteidigt aber auch das Unhintergehbare des Ich gegen kollektivistische Anfeindungen.

www.info3.de

Bild rechts:
Emmy, *like the swallow must learn to fly*
Aufnahme: Alma Wichmann-Erlen

Das Coverbild zeigt Emmy im hohen Alter, schlafend
Aufnahme: Alma Wichmann-Erlen

Seite 2: Emmy als Kind
Aufnahme von unbekannt

Seite 4: Juan Fidel
Aufnahme von Judith Erlen

Hintere Umschlagklappe:
Die Autorin mit Herrn Yason, dem Therapiehund
Aufnahme: Lia Lotta Wolocznik

Info3-Verlag
Kirchgartenstr. 1 – 60439 Frankfurt
Tel. 069-58 46 47 – Fax 069-58 46 16
Mail: vertrieb@info3.de
Web: www.info3-verlag.de